또박또박 쓰고 예쁘게 색칠하는 성령의 9 열매

박주신 글 • 이요안나 그림

사랑love	오래 참음patience	충성faithfulness
희락joy	자비kindness	온유gentleness
화평peace	양선goodness	절제self-control

선한청지기

반침 없는 글자를 또박또박 쓰는 법 ①

반침이 없이 자음과 모음으로 이루어진 글자들 가운데 'ㅏ, ㅑ, ㅓ, ㅕ, ㅣ'처럼 위로 길쭉한 기본 모음이 들어간 글자는 빈칸 속 화살괄호(<) 안에 맞도록 써요. 자음보다 모음을 더 길게 써야 반듯해요!

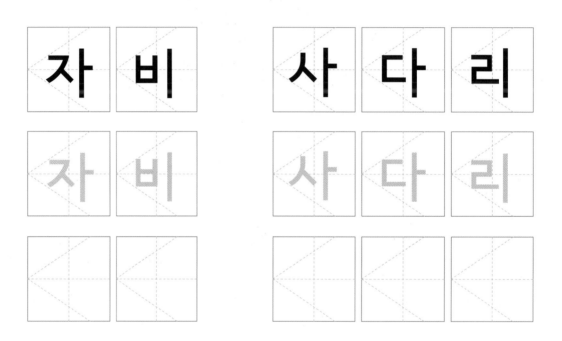

반침 없이 모음이 길쭉한 것에는 'ㅐ, ㅒ, ㅔ, ㅖ' 등도 있지요! 이 글자들도 빈칸 속 화살괄호(<) 안에 들어가도록 글자를 써요.

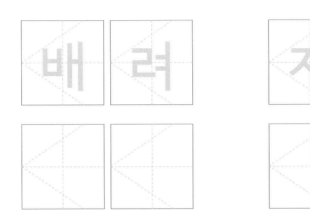

✏️ 받침 없는 글자를 또박또박 쓰는 법 ②

받침이 없이 자음과 모음으로 이루어진 글자들 가운데 'ㅗ, ㅛ, ㅜ, ㅠ, ㅡ'같이 옆으로 길쭉한 기본 모음이 들어간 글자는 빈칸 속 위로 향한 화살괄호(∧) 안에 써 넣어요. 마찬가지로 자음보다 모음을 더 길게 쓰세요!

받침이 없는 글자들 가운데 'ㅚ, ㅙ, ㅝ, ㅞ, ㅟ, ㅢ'처럼 복잡한 모음이 들어간 글자는 빈칸 속 사각형(□) 안에 들어가도록 써요.

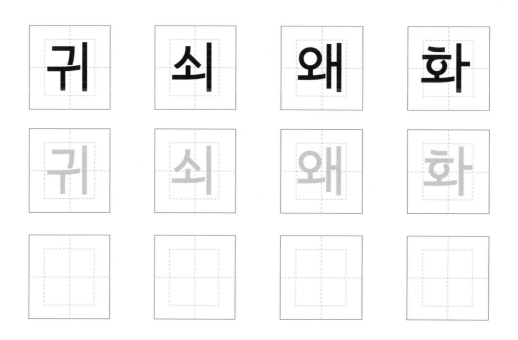

✏️ 받침 있는 글자를 또박또박 쓰는 법 ①

받침이 있는 글자들 가운데 위로 길쭉한 기본 모음과 복잡한 모음이 들어간 글자는 빈칸 속 사각형(□) 안에 들어가도록 써요. 모음을 다른 글씨들에 비해 짧게 쓰면 반듯해요!

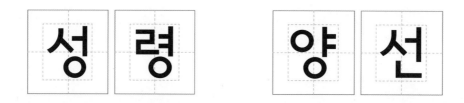

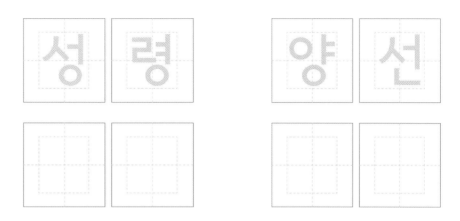

✏️ 받침 있는 글자를 또박또박 쓰는 법 ②

받침이 있는 글자들 가운데 'ㅗ, ㅛ, ㅜ, ㅠ, ㅡ'처럼 옆으로 길쭉한 기본 모음이 들어간 글자는 빈칸 속 마름모(◇) 안에 맞게 써요. 모음이 빈칸을 반으로 가른다고 생각하고 쓰면 쉽게 쓸 수 있어요!

글씨를 잘 쓰고 싶다면, 이것만 기억해요!

같은 크기로, 같은 곳에 쓰기!

빈칸 속 점선 모양에 맞춰 글씨를 쓰면 또박또박!

사랑 오래 참음
화평 온유

선 안에 쏙! 들어가도록 글씨를 쓰면 또박또박!

글씨를 이렇게 같은 위치에, 같은 크기로 쓰면

삐뚤빼뚤하지 않고, 또박또박 바른 글씨가 돼요.

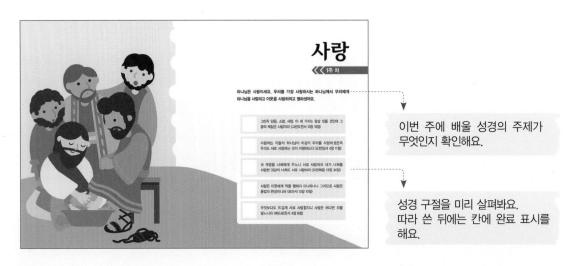

이번 주에 배울 성경의 주제가
무엇인지 확인해요.

성경 구절을 미리 살펴봐요.
따라 쓴 뒤에는 칸에 완료 표시를
해요.

오직 성령의 열매는
사랑과 희락과 화평과 오래 참음과 자비와 양선과 충성과 온유와 절제니
이 같은 것을 금지할 법이 없느니라 (갈 5:22-23)

② 성경 구절을 소리 내어
따라 읽어요.

④ 원고지에 회색 글자를
따라 써요.

⑥ 그날의 기도문을 읽고
기도해요.
마지막에 "예수님의 이름으로
기도드립니다. 아멘."을 붙여
서 기도를 마무리해요.

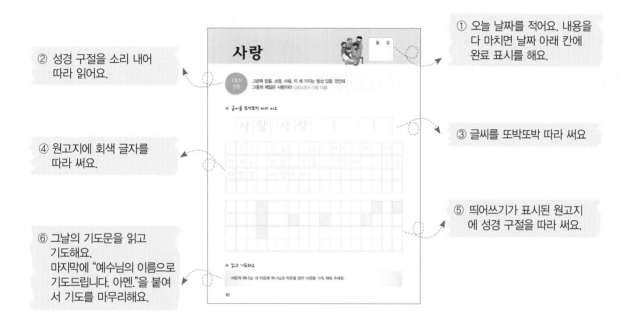

① 오늘 날짜를 적어요. 내용을
다 마치면 날짜 아래 칸에
완료 표시를 해요.

③ 글씨를 또박또박 따라 써요

⑤ 띄어쓰기가 표시된 원고지
에 성경 구절을 따라 써요.

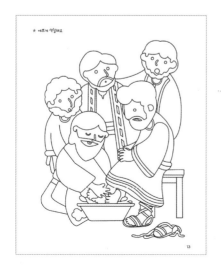

이번 주의 주제가 담긴 그림을 색칠해요.
5일 동안 따라 썼던 성경 구절을 떠올리며
그림을 멋지게 완성해 보세요!

사랑

하나님은 사랑이세요. 우리를 가장 사랑하시는 하나님께서 우리에게 하나님을 사랑하고 이웃을 사랑하라고 명하셨어요.

그런즉 믿음, 소망, 사랑, 이 세 가지는 항상 있을 것인데 그 중의 제일은 사랑이라 (고린도전서 13장 13절)

사랑하는 자들아 하나님이 이같이 우리를 사랑하셨은즉 우리도 서로 사랑하는 것이 마땅하도다 (요한일서 4장 11절)

새 계명을 너희에게 주노니 서로 사랑하라 내가 너희를 사랑한 것같이 너희도 서로 사랑하라 (요한복음 13장 34절)

사랑은 이웃에게 악을 행하지 아니하나니 그러므로 사랑은 율법의 완성이니라 (로마서 13장 10절)

무엇보다도 뜨겁게 서로 사랑할지니 사랑은 허다한 죄를 덮느니라 (베드로전서 4장 8절)

사랑

오늘의 말씀

그런즉 믿음, 소망, 사랑, 이 세 가지는 항상 있을 것인데
그중의 제일은 사랑이라 (고린도전서 13장 13절)

★ 글씨를 또박또박 따라 써요

| 사 | 랑 | 사 | 랑 | | | | |

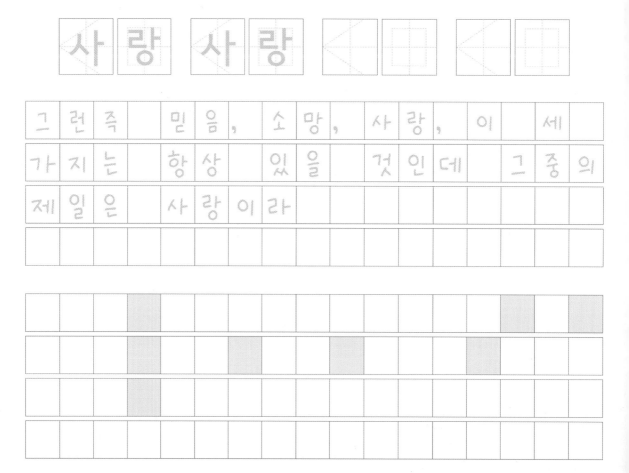

그	런	즉		믿	음,	소	망,	사	랑,	이		세
가	지	는		항	상		있	을		것	인	데		그	중	의
제	일	은		사	랑	이	라					

★ 읽고 기도해요

사랑의 하나님. 내 마음에 하나님과 이웃을 향한 사랑을 가득 채워 주세요.

오늘의 말씀

사랑하는 자들아 하나님이 이같이 우리를 사랑하셨은즉
우리도 서로 사랑하는 것이 마땅하도다 (요한일서 4장 11절)

★ 글씨를 또박또박 따라 써요

★ 읽고 기도해요

사랑의 하나님. 하나님께서 저를 사랑해 주신 것처럼, 저도 가족과 친구들과 이웃들을 더 많이 사랑할 수 있도록 도와주세요.

사랑

오늘의 말씀

새 계명을 너희에게 주노니 서로 사랑하라
내가 너희를 사랑한 것같이 너희도 서로 사랑하라 (요한복음 13장 34절)

★ 글씨를 또박또박 따라 써요

★ 읽고 기도해요

사랑의 하나님. 하나님께서 지으신 이 세상을 더욱 사랑하고, 아름답게 지키고 가꾸는 어린이가 되게 해 주세요.

오늘의 말씀

사랑은 이웃에게 악을 행하지 아니하나니
그러므로 사랑은 율법의 완성이니라 (로마서 13장 10절)

★ 글씨를 또박또박 따라 써요

율	법	율	법				

사	랑	은		이	웃	에	게		악	을		행	하	지		아
니	하	나	니		그	러	므	로		사	랑	은		율	법	의
완	성	이	니	라												

★ 읽고 기도해요

사랑의 하나님. 친구와 이웃에게 나쁜 말을 하지 않고, 사랑의 말을 하는 어린이가 되도록 도와주세요.

사랑

오늘의 말씀

무엇보다도 뜨겁게 서로 사랑할지니
사랑은 허다한 죄를 덮느니라 (베드로전서 4장 8절)

★ 글씨를 또박또박 따라 써요

| 죄 | 죄 | | | | | |

| 무 | 엇 | 보 | 다 | 도 | | 뜨 | 겁 | 게 | | 서 | 로 | | 사 | 랑 | 할 | 지 |
| 니 | | 사 | 랑 | 은 | | 허 | 다 | 한 | | 죄 | 를 | | 덮 | 느 | 니 | 라 |

★ 읽고 기도해요

사랑의 하나님. 하나님께서 우리의 죄를 용서하신 것처럼 우리도 친구들의 잘못을 용서해 주고 품어 주는 사랑을 하도록 도와주세요.

희락

하나님께서는 우리를 사랑하시기 때문에 우리로 인해 기뻐하세요. 우리도 하나님과 함께 살아갈 때 가장 큰 기쁨을 누릴 수 있어요.

내가 이것을 너희에게 이름은 내 기쁨이 너희 안에 있어 너희 기쁨을 충만하게 하려 함이라 (요한복음 15장 11절)

주 안에서 항상 기뻐하라 내가 다시 말하노니 기뻐하라 (빌립보서 4장 4절)

하나님의 나라는 먹는 것과 마시는 것이 아니요 오직 성령 안에 있는 의와 평강과 희락이라 (로마서 14장 17절)

또 여호와를 기뻐하라 그가 네 마음의 소원을 네게 이루어 주시리로다 (시편 37편 4절)

나는 여호와로 말미암아 즐거워하며 나의 구원의 하나님으로 말미암아 기뻐하리로다 (하박국 3장 18절)

희락

 오늘의 말씀

내가 이것을 너희에게 이름은 내 기쁨이 너희 안에 있어
너희 기쁨을 충만하게 하려 함이라 (요한복음 15장 11절)

★ 글씨를 또박또박 따라 써요

| 기 | 쁨 | 기 | 쁨 | | | | |

내	가		이	것	을		너	희	에	게		이	름	은		내
기	쁨	이		너	희		안	에		있	어		너	희		기
쁨	을		충	만	하	게		하	려		함	이	라			

★ 읽고 기도해요

우리를 바라보시며 기뻐하시는 하나님. 우리도 하나님을 기뻐하며 하나님과 함께할 때 가장 즐거워하는 어린이가 되게 해 주세요.

오늘의 말씀

주 안에서 항상 기뻐하라
내가 다시 말하노니 기뻐하라 (빌립보서 4장 4절)

★ 글씨를 또박또박 따라 써요

주		안	에	서		항	상		기	뻐	하	라		내	가
다	시		말	하	노	니		기	뻐	하	라				

★ 읽고 기도해요

항상 기뻐하라고 말씀하신 하나님. 우리 가족들 모두 하나님의 말씀 안에서 항상 기뻐할 수 있게 도와주세요.

희락

오늘의 말씀 하나님의 나라는 먹는 것과 마시는 것이 아니요
오직 성령 안에 있는 의와 평강과 희락이라 (로마서 14장 17절)

★ 글씨를 또박또박 따라 써요

| 희 | 락 | 희 | 락 | | | | | | |

하	나	님	의		나	라	는		먹	는		것	과		마	시
는		것	이		아	니	요		오	직		성	령		안	에
있	는		의	와		평	강	과		희	락	이	라			

★ 읽고 기도해요

우리를 하나님 나라의 백성으로 삼아 주신 하나님, 감사합니다. 하나님 나라 백성답게 우리에게 항상 정의로움과 평안과 기쁨이 있게 해 주세요.

오늘의 말씀

또 여호와를 기뻐하라
그가 네 마음의 소원을 네게 이루어 주시리로다 (시편 37편 4절)

★ 글씨를 또박또박 따라 써요

소 원 소 원

또 여 호 와 를 기 뻐 하 라 그 가 네
마 음 의 소 원 을 네 게 이 루 어 주 시
리 로 다

★ 읽고 기도해요

하나님을 기뻐할 때 우리의 소원을 이루어 주신다고 약속하신 하나님, 감사해요. 하나님께 기도하는 시간을 기뻐하는 어린이가 되게 해 주세요.

희락

오늘의
말씀

나는 여호와로 말미암아 즐거워하며
나의 구원의 하나님으로 말미암아 기뻐하리로다 (하박국 3장 18절)

★ 글씨를 또박또박 따라 써요

| 여 | 호 | 와 | | 여 | 호 | 와 | | | | | |

나	는		여	호	와	로		말	미	암	아		즐	거	워	하
며		나	의		구	원	의		하	나	님	으	로		말	미
암	아		기	뻐	하	리	로	다								

★ 읽고 기도해요

우리와 언제나 함께하시며, 우리를 세상 그 무엇보다 기쁘게 바라보시는 하나님. 하나님의 사랑과 하나님의 마음을 기억하며 하나님께 바르게 예배하는 어린이가 되게 해 주세요.

화평

예수님께서 십자가에 죽으심으로 우리는 하나님과 화목하게 되었어요.
이제 우리도 이웃과 평화롭게 지내고, 이웃들이 하나님과 화해할 수
있도록 예수님을 전해야 해요.

화평하게 하는 자는 복이 있나니 그들이 하나님의 아들이라
일컬음을 받을 것임이요 (마태복음 5장 9절)

화평하게 하는 자들은 화평으로 심어 의의 열매를 거두느니라
(야고보서 3장 18절)

악에서 떠나 선을 행하고 화평을 구하며 그것을 따르라 (베드
로전서 3장 11절)

하나님은 무질서의 하나님이 아니시요 오직 화평의 하나님이
시니라 (고린도전서 14장 33절)

모든 사람과 더불어 화평함과 거룩함을 따르라 이것이
없이는 아무도 주를 보지 못하리라 (히브리서 12장 14절)

화평

오늘의 말씀

화평하게 하는 자는 복이 있나니
그들이 하나님의 아들이라 일컬음을 받을 것임이요 (마태복음 5장 9절)

★ 글씨를 또박또박 따라 써요

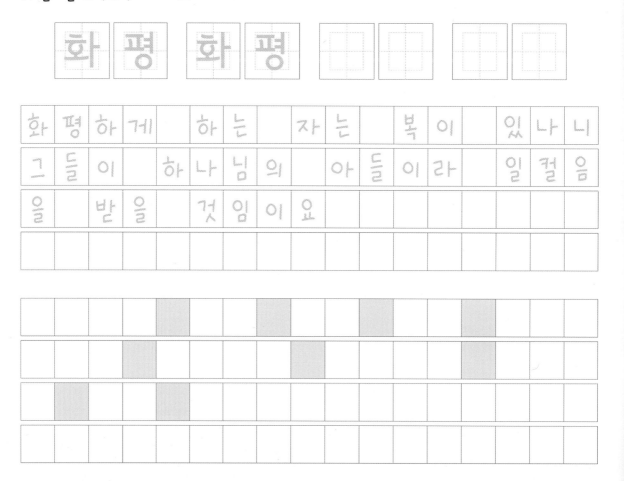

| 화 | 평 | 화 | 평 | | | | |

화	평	하	게		하	는		자	는		복	이		있	나	니
그	들	이		하	나	님	의		아	들	이	라		일	컬	음
을		받	을		것	임	이	요								

★ 읽고 기도해요

우리를 구원하신 하나님. 우리가 그 은혜를 잊지 않게 해 주시고, 이웃들과 친구들에게 예수님을 전하는 삶을 살도록 도와주세요.

오늘의
말씀

화평하게 하는 자들은 화평으로 심어 의의 열매를 거두느니라 (야고보서 3장 18절)

★ 글씨를 또박또박 따라 써요

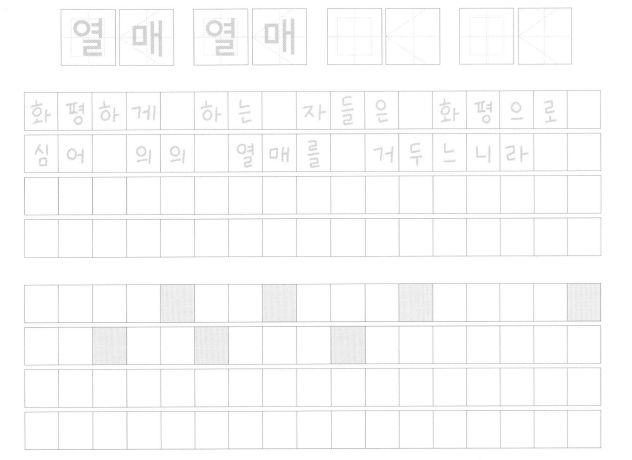

| 열 | 매 | 열 | 매 | | | | |

| 화 | 평 | 하 | 게 | | 하 | 는 | | 자 | 들 | 은 | | 화 | 평 | 으 | 로 |
| 심 | 어 | | 의 | 의 | | 열 | 매 | 를 | | 거 | 두 | 느 | 니 | 라 | |

★ 읽고 기도해요

우리를 구원하신 하나님. 우리가 언제나 하나님의 사랑을 마음에 품어, 가족과 친구 그리고 이웃들과 늘 화평
하게 지내도록 지혜와 사랑을 허락해 주세요.

27

화평

월 일

오늘의 말씀 악에서 떠나 선을 행하고 화평을 구하며 그것을 따르라 (베드로전서 3장 11절)

★ 글씨를 또박또박 따라 써요

| 선 | 선 | | | | | |

| 악 | 에 | 서 | | 떠 | 나 | | 선 | 을 | | 행 | 하 | 고 | | 화 | 평 | 을 |
| 구 | 하 | 며 | | 그 | 것 | 을 | | 따 | 르 | 라 | | | | | | |

★ 읽고 기도해요

우리를 구원하신 하나님. 하나님의 뜻을 따라 세상에서 선을 행하고, 화평을 이루는 어린이가 되게 해 주세요.

오늘의
말씀
하나님은 무질서의 하나님이 아니시요
오직 화평의 하나님이시니라 (고린도전서 14장 33절)

★ 글씨를 또박또박 따라 써요

| 무 | 질 | 서 | 무 | 질 | 서 | | | |

| 하 | 나 | 님 | 은 | | 무 | 질 | 서 | 의 | | 하 | 나 | 님 | 이 | | 아 | 니 |
| 시 | 요 | | 오 | 직 | | 화 | 평 | 의 | | 하 | 나 | 님 | 이 | 시 | 니 | 라 |

★ 읽고 기도해요

우리 마음에 평안을 주시는 하나님. 걱정되고 근심되는 일이 생기더라도 하나님께 기도하면서 용감하고 씩씩
하게 이겨 낼 수 있도록 도와주세요.

29

화평

오늘의 말씀

모든 사람과 더불어 화평함과 거룩함을 따르라
이것이 없이는 아무도 주를 보지 못하리라 (히브리서 12장 14절)

★ 글씨를 또박또박 따라 써요

거	룩	거	룩				

모	든		사	람	과		더	불	어		화	평	함	과		거
룩	함	을		따	르	라		이	것	이		없	이	는		아
무	도		주	를		보	지		못	하	리	라				

★ 읽고 기도해요

거룩하신 하나님. 하나님의 사랑을 생각하면서 사람들과 싸우지 않고, 사랑하며 살아갈 수 있게 도와주시고,
하나님만을 바라보는 어린이가 되게 해 주세요.

오래 참음

이 세상을 살아가는 동안 우리에게 힘든 일이 생길지도 몰라요. 하지만 하나님께서 우리와 함께 아파하시며 우리를 도와주세요. 하나님을 의지하며 인내하면 힘든 시간을 잘 이겨 낼 수 있어요.

사랑은 오래 참고 사랑은 온유하며 시기하지 아니하며 사랑은 자랑하지 아니하며 교만하지 아니하며 (고린도전서 13장 4절)

죄가 있어 매를 맞고 참으면 무슨 칭찬이 있으리요 그러나 선을 행함으로 고난을 받고 참으면 이는 하나님 앞에 아름다우니라 (베드로전서 2장 20절)

그가 시험을 받아 고난을 당하셨은즉 시험받는 자들을 능히 도우실 수 있느니라 (히브리서 2장 18절)

또 너희가 내 이름으로 말미암아 모든 사람에게 미움을 받을 것이나 끝까지 견디는 자는 구원을 받으리라 (마가복음 13장 13절)

소망 중에 즐거워하며 환난 중에 참으며 기도에 항상 힘쓰며 성도들의 쓸 것을 공급하며 손 대접하기를 힘쓰라 (로마서 12장 12-13절)

오래 참음

오늘의 말씀

사랑은 오래 참고 사랑은 온유하며 시기하지 아니하며
사랑은 자랑하지 아니하며 교만하지 아니하며 (고린도전서 13장 4절)

★ 글씨를 또박또박 따라 써요

| 오 | 래 | 오 | 래 | | | | |

사	랑	은		오	래		참	고		사	랑	은		온	유	하
며		시	기	하	지		아	니	하	며		사	랑	은		자
랑	하	지		아	니	하	며		교	만	하	지		아	니	하
며																

★ 읽고 기도해요

참사랑이신 하나님. 하나님을 닮아 우리의 마음도 사랑으로 가득하게 해 주세요. 먼저 양보하고, 먼저 참아 주며, 먼저 용서하는 어린이가 되게 해 주세요.

오늘의 말씀

죄가 있어 매를 맞고 참으면 무슨 칭찬이 있으리요 그러나 선을 행함으로
고난을 받고 참으면 이는 하나님 앞에 아름다우니라 (베드로전서 2장 20절)

★ 글씨를 또박또박 따라 써요

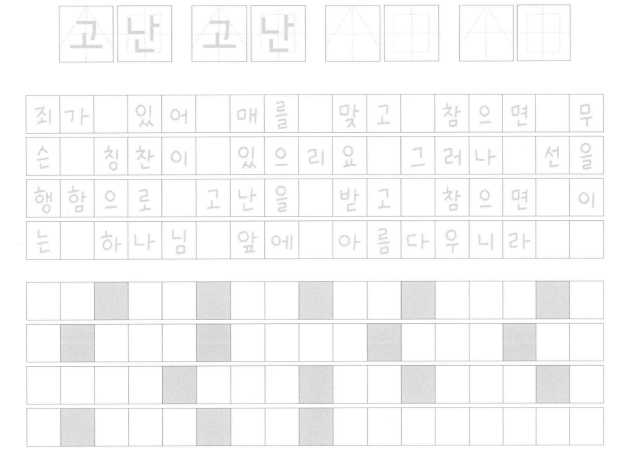

| 고 | 난 | | 고 | 난 | | | | | |

죄	가		있	어		매	를		맞	고		참	으	면		무
슨		칭	찬	이		있	으	리	요		그	러	나		선	을
행	함	으	로		고	난	을		받	고		참	으	면		이
는		하	나	님		앞	에		아	름	다	우	니	라		

★ 읽고 기도해요

언제나 하나님을 사랑하며, 하나님을 섬기며, 하나님께 예배하는 것을 기뻐하는 하나님의 어린이가 되게 해 주세요.

35

오래 참음

오늘의 말씀

그가 시험을 받아 고난을 당하셨은즉
시험받는 자들을 능히 도우실 수 있느니라 (히브리서 2장 18절)

★ 글씨를 또박또박 따라 써요

시 험 시 험

그	가		시	험	을		받	아		고	난	을		당	하	셨
은	즉		시	험	받	는		자	들	을		능	히		도	우
실		수		있	느	니	라									

★ 읽고 기도해요

제 마음을 가장 잘 아시는 하나님. 제가 힘들거나 외로울 때 하나님께서 함께해 주신다는 사실을 기억하고 하나님께 기도하며 이겨 낼 수 있게 도와주세요.

오늘의 말씀

또 너희가 내 이름으로 말미암아 모든 사람에게 미움을 받을 것이나
끝까지 견디는 자는 구원을 받으리라 (마가복음 13장 13절)

★ 글씨를 또박또박 따라 써요

| 미 | 움 | 미 | 움 | | | | |

또		너	희	가		내		이	름	으	로		말	미	암	아
모	든		사	람	에	게		미	움	을		받	을		것	이
나		끝	까	지		견	디	는		자	는		구	원	을	
받	으	리	라													

★ 읽고 기도해요

우리를 위해 십자가를 지신 예수님을 생각하면서, 믿음을 잘 지키는 하나님 나라의 멋진 어린이가 되게 해 주세요.

오래 참음

오늘의 말씀

소망 중에 즐거워하며 환난 중에 참으며 기도에 항상 힘쓰며
성도들의 쓸 것을 공급하며 손 대접하기를 힘쓰라 (로마서 12장 12-13절)

★ 글씨를 또박또박 따라 써요

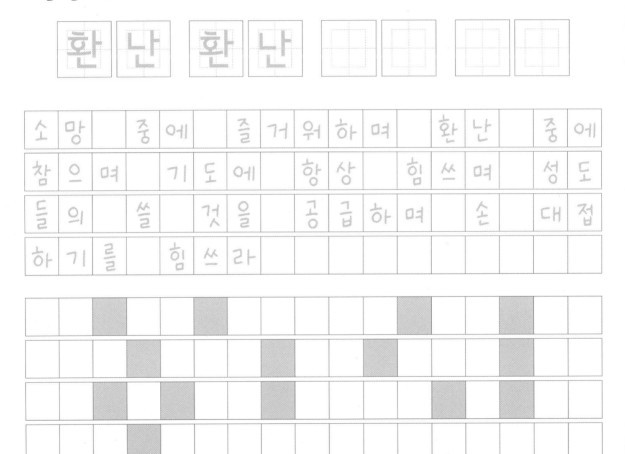

| 환 | 난 | 환 | 난 | | | | |

소	망		중	에		즐	거	워	하	며		환	난		중	에
참	으	며		기	도	에		항	상		힘	쓰	며		성	도
들	의		쓸		것	을		공	급	하	며		손		대	접
하	기	를		힘	쓰	라										

★ 읽고 기도해요

우리에게 이웃과 친구와 가족을 주신 하나님. 우리가 주변의 사람들을 더 많이 사랑하고 그들과 함께 하나님을 예배하는 삶을 살게 도와주세요.

38

자비

하나님께서 우리를 아무런 조건 없이 용서하신 것처럼, 우리도 이웃들에게 친절을 베풀며 살아요. 기쁜 일이 있는 사람들과 함께 즐거워하고, 슬픈 일이 있는 사람들을 돕고 위로해요.

나는 너희에게 이르노니 너희 원수를 사랑하며 너희를 박해하는 자를 위하여 기도하라 (마태복음 5장 44절)

너희 아버지의 자비로우심같이 너희도 자비로운 자가 되라 (누가복음 6장 36절)

너희가 전에는 어둠이더니 이제는 주 안에서 빛이라 빛의 자녀들처럼 행하라 빛의 열매는 모든 착함과 의로움과 진실함에 있느니라 (에베소서 5장 8–9절)

즐거워하는 자들과 함께 즐거워하고 우는 자들과 함께 울라 (로마서 12장 15절)

서로 친절하게 하며 불쌍히 여기며 서로 용서하기를 하나님이 그리스도 안에서 너희를 용서하심과 같이 하라 (에베소서 4장 32절)

자비

오늘의 말씀

나는 너희에게 이르노니 너희 원수를 사랑하며
너희를 박해하는 자를 위하여 기도하라 (마태복음 5장 44절)

★ 글씨를 또박또박 따라 써요

| 원 | 수 | 원 | 수 | | | | |

나	는		너	희	에	게		이	르	노	니		너	희		원
수	를		사	랑	하	며		너	희	를		박	해	하	는	
자	를		위	하	여		기	도	하	라						

★ 읽고 기도해요

사랑의 하나님. 언제나 친구들과 사이좋게 지낼 수 있게 도와주시고, 저에게 불편을 주는 친구라도 미워하지 않도록 제 마음을 지켜 주세요.

오늘의 말씀 너희 아버지의 자비로우심같이 너희도 자비로운 자가 되라 (누가복음 6장 36절)

★ 글씨를 또박또박 따라 써요

| 자 | 비 | 자 | 비 | | | | |

| 너 | 희 | | 아 | 버 | 지 | 의 | | 자 | 비 | 로 | 우 | 심 | 같 | 이 | | 너 |
| 희 | 도 | | 자 | 비 | 로 | 운 | | 자 | 가 | | 되 | 라 | | | | |

★ 읽고 기도해요

언제나 우리를 넓은 사랑으로 품어 주시는 사랑의 하나님. 우리도 하나님을 따라 사람들을 잘 안아 주며 그 마음을 위로하는 하나님의 어린이가 되게 해 주세요.

자비

오늘의 말씀

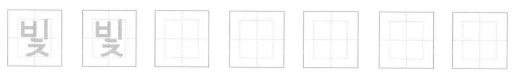

너희가 전에는 어둠이더니 이제는 주 안에서 빛이라 빛의 자녀들처럼 행하라
빛의 열매는 모든 착함과 의로움과 진실함에 있느니라 (에베소서 5장 8-9절)

★ 글씨를 또박또박 따라 써요

빛	빛				

너	희	가		전	에	는		어	둠	이	더	니		이	제	는
주		안	에	서		빛	이	라		빛	의		자	녀	들	처
럼		행	하	라		빛	의		열	매	는		모	든		착
함	과		의	로	움	과		진	실	함	에		있	느	니	라

★ 읽고 기도해요

참된 빛이신 하나님. 우리를 빛의 자녀로 불러 주셔서 감사합니다. 착한 행실과 의로운 삶으로 이웃들과 친구
들에게 하나님의 빛을 보여 주는 하나님의 어린이가 되게 해 주세요.

오늘의 말씀

즐거워하는 자들과 함께 즐거워하고 우는 자들과 함께 울라 (로마서 12장 15절)

★ 글씨를 또박또박 따라 써요

함	께	함	께				

즐	거	워	하	는		자	들	과		함	께		즐	거	워	하
고		우	는		자	들	과		함	께		울	라			

★ 읽고 기도해요

사랑이 많으신 하나님. 우리도 주변 사람들을 더 많이 사랑할 수 있게 도와주세요. 사람들이 기쁠 때 함께 기뻐하고, 사람들이 슬플 때 함께 슬퍼하며 위로할 수 있게 힘을 주세요.

자비

월 일

서로 친절하게 하며 불쌍히 여기며 서로 용서하기를
하나님이 그리스도 안에서 너희를 용서하심과 같이 하라 (에베소서 4장 32절)

★ 글씨를 또박또박 따라 써요

서	로		친	절	하	게		하	며		불	쌍	히		여	기
며		서	로		용	서	하	기	를		하	나	님	이		그
리	스	도		안	에	서		너	희	를		용	서	하	심	과
같	이		하	라												

★ 읽고 기도해요

저를 용서하신 하나님. 제 마음에도 하나님의 사랑이 가득 넘치게 해 주세요. 가족과 친구와 이웃들을 이해하고 용서해 주며 그들을 언제나 사랑으로 품을 수 있게 도와주세요.

46

양선

6주 차

하나님의 자녀들은 선한 삶을 살아요. 자신을 낮추며 다른 사람을 높여요. 우리의 착한 행실을 통해, 다른 사람들이 하나님을 찬양하는 삶이 바로 선한 삶이에요.

이같이 너희 빛이 사람 앞에 비치게 하여 그들로 너희 착한 행실을 보고 하늘에 계신 너희 아버지께 영광을 돌리게 하라 (마태복음 5장 16절)

아무에게도 악을 악으로 갚지 말고 모든 사람 앞에서 선한 일을 도모하라 (로마서 12장 17절)

우리가 선을 행하되 낙심하지 말지니 포기하지 아니하면 때가 이르매 거두리라 (갈라디아서 6장 9절)

아무 일에든지 다툼이나 허영으로 하지 말고 오직 겸손한 마음으로 각각 자기보다 남을 낮게 여기고 (빌립보서 2장 3절)

선한 말은 꿀송이 같아서 마음에 달고 뼈에 양약이 되느니라 (잠언 16장 24절)

양선

월 일

오늘의 말씀

이같이 너희 빛이 사람 앞에 비치게 하여 그들로 너희 착한 행실을 보고
하늘에 계신 너희 아버지께 영광을 돌리게 하라 (마태복음 5장 16절)

★ 글씨를 또박또박 따라 써요

| 영 | 광 | 영 | 광 | | | | |

이	같	이		너	희		빛	이		사	람		앞	에		비
치	게		하	여		그	들	로		너	희		착	한		행
실	을		보	고		하	늘	에		계	신		너	희		아
버	지	께		영	광	을		돌	리	게		하	라			

★ 읽고 기도해요

저를 세상의 빛과 소금으로 불러 주신 주님. 친구들과 이웃들에게 예수님을 전하고, 제 삶으로 예수님을 보여
주는 믿음의 어린이가 되게 해 주세요.

오늘의 말씀

아무에게도 악을 악으로 갚지 말고
모든 사람 앞에서 선한 일을 도모하라 (로마서 12장 17절)

★ 글씨를 또박또박 따라 써요

| 도 | 모 | | 도 | 모 | | | | | | |

아	무	에	게	도		악	을		악	으	로		갚	지		말
고		모	든		사	람		앞	에	서		선	한		일	을
도	모	하	라													

★ 읽고 기도해요

사랑의 하나님. 제가 도움이 필요한 친구들에게 먼저 다가가 도와주고, 친구가 되어 줄 수 있도록 저에게 용기를 주세요.

양선

오늘의
말씀

우리가 선을 행하되 낙심하지 말지니
포기하지 아니하면 때가 이르매 거두리라 (갈라디아서 6장 9절)

★ 글씨를 또박또박 따라 써요

| 포 | 기 | 포 | 기 | | | | |

우	리	가		선	을		행	하	되		낙	심	하	지		말
지	니		포	기	하	지		아	니	하	면		때	가		이
르	매		거	두	리	라										

★ 읽고 기도해요

우리를 구원하신 사랑의 하나님. 언제나 믿음을 잘 지키도록 도와주시고, 삶에서 믿음의 열매를 풍성하게 맺
는 어린이가 되게 해 주세요.

오늘의 말씀

아무 일에든지 다툼이나 허영으로 하지 말고
오직 겸손한 마음으로 각각 자기보다 남을 낮게 여기고 (빌립보서 2장 3절)

★ 글씨를 또박또박 따라 써요

| 겸 | 손 | 겸 | 손 | | | | |

아	무		일	에	든	지		다	툼	이	나		허	영	으	로
하	지		말	고		오	직		겸	손	한		마	음	으	로
각	각		자	기	보	다		남	을		낮	게		여	기	고

★ 읽고 기도해요

은혜가 풍성하신 하나님. 이웃과 친구, 형제자매들과 다투지 않도록 도와주세요. 다른 사람을 높이고 저를 낮추는 겸손한 사람이 되도록 도와주세요.

양선

오늘의 말씀 선한 말은 꿀송이 같아서 마음에 달고 뼈에 양약이 되느니라 (잠언 16장 24절)

★ 글씨를 또박또박 따라 써요

꿀송이 꿀송이

| 선 | 한 | | 말 | 은 | | 꿀 | 송 | 이 | | 같 | 아 | 서 | | 마 | 음 | 에 |
| 달 | 고 | | 뼈 | 에 | | 양 | 약 | 이 | | 되 | 느 | 니 | 라 | | | |

★ 읽고 기도해요

하나님 아버지. 친구들과 대화할 때 미운 말보다 예쁜 말을 쓰고, 사람들에게 상처 주는 말보다 칭찬하고 격려하는 말을 할 수 있게 도와주세요.

충성

우리 하나님은 항상 변함이 없으신 신실하신 분이세요. 하나님의 형상인 우리들도 하나님을 닮아 언제나 하나님을 섬기고 변함없이 하나님의 뜻에 순종하며 살아가요.

- [ ] 지극히 작은 것에 충성된 자는 큰 것에도 충성되고 지극히 작은 것에 불의한 자는 큰 것에도 불의하니라 (누가복음 16장 10절)

- [ ] 우리 주 예수 그리스도를 변함없이 사랑하는 모든 자에게 은혜가 있을지어다 (에베소서 6장 24절)

- [ ] 오직 그만이 나의 반석이시요 나의 구원이시요 나의 요새이시니 내가 흔들리지 아니하리로다 (시편 62편 6절)

- [ ] 나를 능하게 하신 그리스도 예수 우리 주께 내가 감사함은 나를 충성되이 여겨 내게 직분을 맡기심이니 (디모데전서 1장 12절)

- [ ] 성실하게 행하는 자는 구원을 받을 것이나 굽은 길로 행하는 자는 곧 넘어지리라 (잠언 28장 18절)

충성

오늘의 말씀

지극히 작은 것에 충성된 자는 큰 것에도 충성되고
지극히 작은 것에 불의한 자는 큰 것에도 불의하니라 (누가복음 16장 10절)

★ 글씨를 또박또박 따라 써요

| 충 | 성 | 충 | 성 | | | | |

지	극	히		작	은		것	에		충	성	된		자	는
큰		것	에	도		충	성	되	고		지	극	히		작	은
것	에		불	의	한		자	는		큰		것	에	도		불
의	하	니	라												

★ 읽고 기도해요

언제나 한결같으신 하나님. 주어진 일을 성실하고 책임감 있게 잘 감당하는 어린이가 되게 하시고, 하나님을 사랑하는 마음도 변하지 않게 도와주세요.

오늘의 말씀

우리 주 예수 그리스도를 변함없이 사랑하는 모든 자에게
은혜가 있을지어다 (에베소서 6장 24절)

★ 글씨를 또박또박 따라 써요

| 은 | 혜 | 은 | 혜 | | | | |

우	리		주		예	수		그	리	스	도	를		변	함	없
이		사	랑	하	는		모	든		자	에	게		은	혜	가
있	을	지	어	다												

★ 읽고 기도해요

변함없이 예수님을 사랑하는 어린이가 되기를 원합니다. 한결같이 나를 사랑하시는 주님을 기억하며 나도 주
님을 그렇게 사랑하도록 도와주세요.

충성

오늘의 말씀

오직 그만이 나의 반석이시요 나의 구원이시요 나의 요새이시니
내가 흔들리지 아니하리로다 (시편 62편 6절)

★ 글씨를 또박또박 따라 써요

| 구 | 원 | 구 | 원 | | | | |

오	직		그	만	이		나	의		반	석	이	시	요		나
의		구	원	이	시	요		나	의		요	새	이	시	니	
내	가		흔	들	리	지		아	니	하	리	로	다			

★ 읽고 기도해요

저를 구원하시고, 언제나 변함없이 저를 지켜 주시는 하나님. 어떤 일에도 흔들리지 않고 주님을 의지하고 사랑하는 주님의 어린이가 되기를 원합니다.

 오늘의 말씀

나를 능하게 하신 그리스도 예수 우리 주께 내가 감사함은
나를 충성되이 여겨 내게 직분을 맡기심이니 (디모데전서 1장 12절)

★ 글씨를 또박또박 따라 써요

| 예 | 수 | 예 | 수 | | | | |

나	를		능	하	게		하	신		그	리	스	도		예	수
우	리		주	께		내	가		감	사	함	은		나	를	
충	성	되	이		여	겨		내	게		직	분	을		맡	기
심	이	니														

★ 읽고 기도해요

나의 힘이 되시는 하나님. 항상 기뻐하고 모든 일에 감사하며 언제나 기도하는 삶을 살아가는 믿음의 어린이가
되게 해 주세요.

충성

오늘의 말씀

성실하게 행하는 자는 구원을 받을 것이나
굽은 길로 행하는 자는 곧 넘어지리라 (잠언 28장 18절)

★ 글씨를 또박또박 따라 써요

성 실	성 실			

성	실	하	게		행	하	는		자	는		구	원	을		받
을		것	이	나		굽	은		길	로		행	하	는		자
는		곧		넘	어	지	리	라								

★ 읽고 기도해요

오늘도 함께해 주신 하나님 감사해요. 하나님 말씀을 잘 듣고 그 말씀대로 행하며 살아가는 어린이가 되게 해 주세요.

온유

온유하다는 것은 부드럽고 따뜻한 성품을 뜻해요. 온유한 성품은 우리의 말과 표정에서 나타나요. 따뜻한 말로 사람들을 부드럽게 대하면서 모두의 친구가 되어 주세요.

온유한 자는 복이 있나니 그들이 땅을 기업으로 받을 것임이요 (마태복음 5장 5절)

그러므로 모든 더러운 것과 넘치는 악을 내버리고 너희 영혼을 능히 구원할 바 마음에 심어진 말씀을 온유함으로 받으라 (야고보서 1장 21절)

그러나 온유한 자들은 땅을 차지하며 풍성한 화평으로 즐거워하리로다 (시편 37편 11절)

너그러운 사람에게는 은혜를 구하는 자가 많고 선물 주기를 좋아하는 자에게는 사람마다 친구가 되느니라 (잠언 19장 6절)

나는 마음이 온유하고 겸손하니 나의 멍에를 메고 내게 배우라 그리하면 너희 마음이 쉼을 얻으리니 (마태복음 11장 29절)

온유

오늘의 말씀

온유한 자는 복이 있나니 그들이 땅을 기업으로 받을 것임이요 (마태복음 5장 5절)

★ 글씨를 또박또박 따라 써요

온	유	온	유				

온	유	한		자	는		복	이		있	나	니		그	들	이
땅	을		기	업	으	로		받	을		것	임	이	요		

★ 읽고 기도해요

사랑이신 하나님. 내 마음에 하나님 사랑이 가득해서 친구들과 항상 사이좋게 지낼 수 있게 도와주세요.

오늘의 말씀

그러므로 모든 더러운 것과 넘치는 악을 내버리고
너희 영혼을 능히 구원할 바 마음에 심어진 말씀을 온유함으로 받으라 (야고보서 1장 21절)

★ 글씨를 또박또박 따라 써요

그	러	므	로		모	든		더	러	운		것	과		넘	치
는		악	을		내	버	리	고		너	희		영	혼	을	
능	히		구	원	할		바		마	음	에		심	어	진	
말	씀	을		온	유	함	으	로		받	으	라				

★ 읽고 기도해요

거룩하신 하나님. 하나님의 말씀인 성경이 꿀송이처럼 달게 해 주시고. 말씀을 듣고 읽는 시간을 좋아하는 어린이가 되게 해 주세요.

온유

월 일

그러나 온유한 자들은 땅을 차지하며 풍성한 화평으로 즐거워하리로다 (시편 37편 11절)

★ 글씨를 또박또박 따라 써요

| 풍 | 성 | 풍 | 성 | | | | |

그	러	나		온	유	한		자	들	은		땅	을		차	지
하	며		풍	성	한		화	평	으	로		즐	거	워	하	리
로	다															

★ 읽고 기도해요

우리의 참된 친구가 되시는 하나님. 친구들에게 예수님을 전하는 어린이가 되게 해 주시고, 언제나 기쁘고 건강한 나날을 보낼 수 있게 해 주세요.

오늘의 말씀

너그러운 사람에게는 은혜를 구하는 자가 많고
선물 주기를 좋아하는 자에게는 사람마다 친구가 되느니라 (잠언 19장 6절)

★ 글씨를 또박또박 따라 써요

친	구	친	구				

너	그	러	운		사	람	에	게	는		은	혜	를		구	하
는		자	가		많	고		선	물		주	기	를		좋	아
하	는		자	에	게	는		사	람	마	다		친	구	가	
되	느	니	라													

★ 읽고 기도해요

서로 사랑하라고 말씀하신 주님, 받기보다 나누고 베풀기를 좋아하는 어린이가 되게 하시고, 사람들에게 사랑 받는 어린이가 되게 해 주세요.

온유

오늘의
말씀

나는 마음이 온유하고 겸손하니 나의 멍에를 메고 내게 배우라
그리하면 너희 마음이 쉼을 얻으리니 (마태복음 11장 29절)

★ 글씨를 또박또박 따라 써요

마	음	마	음				

나	는		마	음	이		온	유	하	고		겸	손	하	니
나	의		멍	에	를		메	고		내	게		배	우	라
그	리	하	면		너	희		마	음	이		쉼	을		얻	으
리	니														

★ 읽고 기도해요

온유함으로 우리를 품어 주시는 주님. 주님의 온유함과 겸손을 배우게 하시고 주님 안에서만 참된 쉼을 누릴
수 있음을 믿고 주님께 나아가는 어린이가 되게 해 주세요.

절제

우리가 하고 싶은 것이 하나님의 뜻에 어긋날 때, 잘 참고 마음을 지키는 것을 절제라고 해요. 하나님께서는 우리가 하나님을 닮아 거룩한 삶을 살기를 원하세요.

하나님이 우리에게 주신 것은 두려워하는 마음이 아니요 오직 능력과 사랑과 절제하는 마음이니 (디모데후서 1장 7절)

나는 너희의 하나님이 되려고 너희를 애굽 땅에서 인도하여 낸 여호와라 내가 거룩하니 너희도 거룩할지어다 (레위기 11장 45절)

형제를 사랑하여 서로 우애하고 존경하기를 서로 먼저 하며 부지런하여 게으르지 말고 열심을 품고 주를 섬기라 (로마서 12장 10-11절)

모든 지킬 만한 것 중에 더욱 네 마음을 지키라 생명의 근원이 이에서 남이니라 (잠언 4장 23절)

입과 혀를 지키는 자는 자기의 영혼을 환난에서 보전하느니라 (잠언 21장 23절)

절제

오늘의 말씀

하나님이 우리에게 주신 것은 두려워하는 마음이 아니요
오직 능력과 사랑과 절제하는 마음이니 (디모데후서 1장 7절)

★ 글씨를 또박또박 따라 써요

절	제	절	제				

하	나	님	이		우	리	에	게		주	신		것	은		두
려	워	하	는		마	음	이		아	니	요		오	직		능
력	과		사	랑	과		절	제	하	는		마	음	이	니	

★ 읽고 기도해요

우리와 언제나 동행하시는 하나님. 우리 마음에 하나님께서 주신 지혜와 용기를 품고, 하나님의 뜻을 기쁘게 행하는 그리스도인으로 자라나게 해 주세요.

月　일

오늘의 말씀

나는 너희의 하나님이 되려고 너희를 애굽 땅에서 인도하여 낸 여호와라
내가 거룩하니 너희도 거룩할지어다 (레위기 11장 45절)

★ 글씨를 또박또박 따라 써요

인 도 인 도

나	는		너	희	의		하	나	님	이		되	려	고		너
희	를		애	굽		땅	에	서		인	도	하	여		낸	
여	호	와	라		내	가		거	룩	하	니		너	희	도	
거	룩	할	지	어	다											

★ 읽고 기도해요

선한 목자 되신 주님. 우리를 언제나 인도해 주시고 함께해 주셔서 감사해요. 하나님을 더욱 의지하고 하나님의 말씀에 순종하는 어린이가 되게 해 주세요.

75

절제

오늘의 말씀

형제를 사랑하여 서로 우애하고 존경하기를 서로 먼저 하며
부지런하여 게으르지 말고 열심을 품고 주를 섬기라 (로마서 12장 10-11절)

★ 글씨를 또박또박 따라 써요

열	심	열	심				

형	제	를		사	랑	하	여		서	로		우	애	하	고
존	경	하	기	를		서	로		먼	저		하	며		부	지
런	하	여		게	으	르	지		말	고		열	심	을		품
고		주	를		섬	기	라								

★ 읽고 기도해요

하나님을 사랑하고 이웃을 사랑하는 일에 게으르지 않고 부지런하고 성실한 어린이가 되게 해 주세요.

오늘의
말씀

모든 지킬 만한 것 중에 더욱 네 마음을 지키라
생명의 근원이 이에서 남이니라 (잠언 4장 23절)

★ 글씨를 또박또박 따라 써요

모	든		지	킬		만	한		것		중	에		더	욱
네		마	음	을		지	키	라		생	명	의		근	원	이
이	에	서		남	이	니	라								

★ 읽고 기도해요

온 우주의 주인이신 하나님. 제 마음을 하나님께서 다 보고 계시다는 것을 기억하고, 마음으로 죄를 짓지 않도록 지켜 주세요.

절제

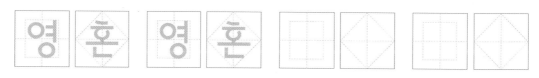

오늘의 말씀

입과 혀를 지키는 자는 자기의 영혼을 환난에서 보전하느니라 (잠언 21장 23절)

★ 글씨를 또박또박 따라 써요

| 영 | 혼 | 영 | 혼 | | | | |

| 입 | 과 | | 혀 | 를 | | 지 | 키 | 는 | | 자 | 는 | | 자 | 기 | 의 |
| 영 | 혼 | 을 | | 환 | 난 | 에 | 서 | | 보 | 전 | 하 | 느 | 니 | 라 | |

★ 읽고 기도해요

저를 지으신 하나님. 하나님께서 주신 입으로 하나님을 찬양하고 하나님을 높이게 해 주세요. 모두에게 사랑의 말을 하는 어린이가 되게 해 주세요.

1쇄 인쇄 2021년 7월 6일
1쇄 발행 2021년 7월 15일

지은이 박주신
그린이 이요안나

펴낸이 한정숙
펴낸곳 선한청지기
등 록 제313-2003-000358호
주 소 서울특별시 마포구 동교로12길 41-13(서교동)
전 화 02)322-2434 (대표)
팩 스 02)322-2083
S N S https://www.facebook.com/sunhanpub
이메일 kukminpub@hanmail.net

기독교 총판 생명의 말씀사

ISBN 979-11-87022-38-1(03230)